MISISCA REMO

I0472947

Quickly Learn

the European
Computer
Driving
Licence

Uso del computer

e

Gestione file

con

Windows XP

Syllabus 5.0

AICA
Associazione Italiana per l'Informatica
ed il Calcolo Automatico

SOMMARIO

Quickly Learn the European Computer Driving Licence	
MODULO 2	**Uso del computer** **e** **gestione dei file** **Windows XP**
Syllabus 5.0	

Uso del computer e gestione dei file

Il seguente Libro della collana "Quickly Learn" riguarda il Syllabus 5.0 - Modulo 2 "Uso del computer e gestione dei file".

Gli argomenti trattati permetteranno al lettore di acquisire velocemente le varie competenze necessarie all' utilizzo del computer e gestione dei file del sistema operativo Windows XP oltre che le abilità necessarie per superare l'esame ECDL corrispondente.

In particolare il lettore sarà in grado di:
- Utilizzare le funzioni principali del sistema operativo, incluse la modifica delle impostazioni principali e l'utilizzo delle funzionalità di Guida in linea.
- Operare efficacemente nell'ambiente di desktop e utilizzare un ambiente grafico.
- Conoscere i concetti principali della gestione dei file ed essere in grado di organizzare in modo efficace i file e le cartelle in modo che siano semplici da identificare e trovare.
- Utilizzare programmi per comprimere ed estrarre file di grandi dimensioni e utilizzare un software antivirus per proteggere il computer dai virus.
- Utilizzare dei semplici strumenti di elaborazione testi e di gestione stampe disponibili nel sistema operativo.

2.1 – Sistema Operativo

2.1.1. Primi passi col computer

2.1.1.1. Avviare il computer e collegarsi in modo sicuro utilizzando un nome utente e una password

Il Sistema Operativo è l'insieme dei programmi che eseguono le funzioni di base per la gestione di un computer. Fanno parte del Sistema Operativo i programmi che gestiscono le risorse del sistema, organizzano gli archivi, definiscono la configurazione e che individuano e segnalano eventuali malfunzionamenti.

Windows è il sistema operativo più diffuso per la gestione dei personal computer ed è presente sul mercato in varie versioni che ne hanno caratterizzato l'evoluzione. Windows è un sistema operativo facile da utilizzare grazie alla sua interfaccia grafica (GUI Grafic User Interface) che permette una modalità semplice ed intuitiva di comunicazione con l'utente. Tramite tale interfaccia si può svolgere qualsiasi attività interagendo con le applicazioni attraverso la loro visualizzazione sullo schermo.

Windows si avvia automaticamente all'accensione del computer. Quando viene premuto il tasto di accensione, il computer carica automaticamente il BIOS (Sistema Base di Input Output). Questo programma attiva tutte le componenti hardware del computer, rendendole operative ed in caso di malfunzionamento si blocca segnalando l'anomalia ed emette dei segnali acustici di errore. Se tutti i componenti sono attivati correttamente si è completato il caricamento del BIOS, dunque viene aperto ed avviato il sistema operativo Windows e ciò ci viene segnalato con la visualizzazione della scritta "caricamento di Windows in corso".

Inizialmente compare sullo schermo una videata introduttiva. Subito dopo appare il "desktop" e il sistema operativo è pronto.

Tale interfaccia, il desktop, riproduce il piano di lavoro di una scrivania, sul quale sono presenti oggetti rappresentati da icone. Attraverso l'interfaccia grafica, lavoriamo con il computer mediante piccoli oggetti grafici che rappresentano un programma, un'azione o un tipo di file: le icone.

L'aspetto e il numero delle icone varia in funzione della versione di Windows, della configurazione hardware, del software del sistema e delle personalizzazioni apportate all'interfaccia.
Fra le icone possiamo trovare **Risorse del computer**

e **Cestino**.

Accanto a queste icone, saranno presenti quelle relative agli oggetti di utilizzo più frequente: programmi (visualizzati con icone specifiche), archivi, cartelle.
Nella parte bassa dello schermo è presente la **Barra delle applicazioni**.

Su questa barra trovano posto il pulsante **Start,**

i pulsanti delle applicazioni aperte, le icone di controlli particolari e l'orologio.

2.1.1.2 Riavviare il computer impiegando la procedura corretta.

Esistono delle circostanze nelle quali il computer deve essere spento e successivamente riacceso. Questa operazione, *riavviare il computer*, si effettua per rendere operative nuove configurazioni hardware o software del sistema.
Si riavvia il computer dopo aver installato un nuovo programma o una componente hardware.

Per riavviare il computer:
1. Clicca sul pulsante **Start**
2. scegli **Spegni il computer**
3. premi il pulsante **Riavvia** nella finestra di dialogo che compare.

2.1.1.3 Chiudere un'applicazione che non risponde.

Può accadere che un'applicazione si blocchi mentre stai lavorando. In questo caso si blocca qualsiasi funzione del computer: non è possibile procedere al suo riavvio con la procedura appena descritta.
Devi agire premendo contemporaneamente i tasti **Ctrl**, **Alt** e **Canc** sulla tastiera. Si apre così la finestra di dialogo **Task Manager Windows**, strutturata in schede.

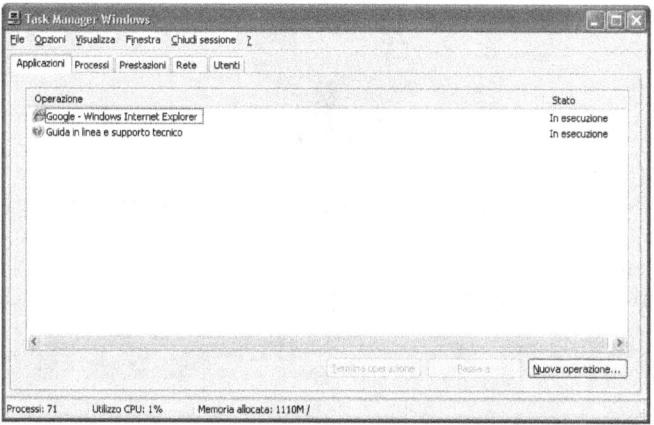

Nella scheda **Applicazioni** trovi l'elenco di tutte le applicazioni in esecuzione. In corrispondenza delle applicazioni bloccate, viene indicato lo stato **Non risponde**. Puoi effettuare un ultimo tentativo prima di procedere alla chiusura completa del computer.
Seleziona l'applicazione che non risponde, premi il pulsante **Termina operazione**. Se anche questo tentativo non andasse a buon fine, per ripristinare il sistema, procedi all'arresto. Seleziona **Riavvia Il Sistema** dalla voce di menu **Chiudi Sessione**.

2.1.1.4 Spegnere il computer impiegando la procedura corretta.

Per spegnere correttamente il computer è necessario chiudere tutte le applicazioni attive e arrestare il sistema operativo. L'operazione consente a Windows di eseguire una serie di attività che garantiscono il mantenimento dell'integrità dei file di sistema e di dati.

Per spegnere il Computer:
1. Fai click sul pulsante **Start**
2. seleziona dal menu **Spegni computer**
3. fai click su **Spegni** nella finestra di dialogo che compare.

Dopo qualche istante il sistema operativo avrà compiuto tutte le operazioni necessarie e procederà a spegnere il computer.

Se la procedura non viene eseguita correttamente, Windows tiene traccia dell'evento e, al successivo avvio, compie una lunga serie di operazioni finalizzate al controllo dello stato del sistema.

2.1.1.5 Utilizzare le funzioni di Guida in linea (help) disponibili.

In caso di particolari difficoltà , è sempre possibile utilizzare le varie funzioni di help (aiuto) che Windows mette a disposizione.

Per attivare le funzioni di help:
1. Fai click sul pulsante **Start** oppure premi **F1**

Nella finestra che si apre
1. Seleziona **Guida in linea e supporto tecnico**
2. Fai **click sull'argomento** di interesse oppure inserisci una parola chiave nella casella "cerca" ed avvia la ricerca facendo click sul simbolo

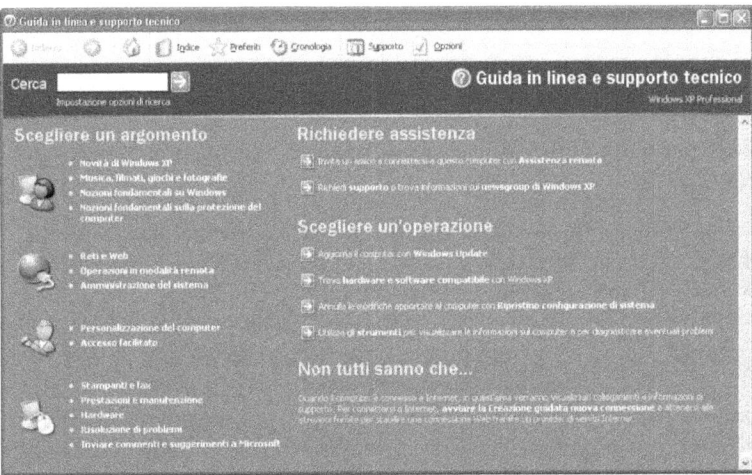

Questa finestra è organizzata in sezioni rappresentate ognuna da un'icona, dove gli argomenti sono suddivisi in ampie aree di funzionalità. Puoi ottenere informazioni utilizzando l'elenco degli argomenti. Fai click sull'argomento desiderato per visualizzarlo. Fai doppio click sul collegamento per visualizzare l'elenco degli argomenti contenuti. Nel riquadro destro della finestra **Guida**, compaiono le informazioni sull'argomento scelto.

Puoi anche effettuare una ricerca per individuare gli argomenti della Guida contenenti una determinata parola o frase.

Digita una parola o una frase nella casella **Cerca**, poi premi **Avvia ricerca** o **Invio** sulla tastiera. Nel riquadro sottostante la casella **Cerca** compaiono gli argomenti individuati.

Un ulteriore metodo di ricerca consiste nello sfogliare l'indice degli argomenti.

Premi il pulsante **Indice** per aprire la finestra relativa, nella quale puoi operare nel modo seguente. Puoi digitare una o più parole chiave nella casella **Immettere la parola chiave da trovare**, nella parte superiore della finestra. Nel riquadro sottostante compare un elenco di parole chiave correlate. Fai doppio click sulla parola desiderata e premi il pulsante **Visualizza**. Nel riquadro destro viene visualizzato l'argomento collegato alla parola prescelta. Seleziona l'argomento e premi **Visualizza** per visualizzare la spiegazione.

Nel testo di spiegazione, alcune parole appaiono sottolineate e colorate diversamente. Questa impostazione indica la presenza di collegamenti ipertestuali ad altri argomenti. Fai click su un collegamento per visualizzare l'argomento collegato.

2.1.2 Impostazioni

2.1.2.1 Verificare le informazioni di base del computer ed operazioni fondamentali

Solitamente, il luogo in cui si lavora o si studia è arricchito da foto, oggetti personali o regali particolari. Tutto questo ti aiuta a sentire l'ambiente più intimo e accogliente. La qualità del tempo che passi in questo spazio migliora e, di conseguenza, anche la qualità dell'attività. Il computer, attraverso l'interfaccia grafica, simula un ambiente di lavoro. Pur essendo un ambiente virtuale, è importante che venga personalizzato e reso meno asettico. Windows ti offre la possibilità di personalizzare e gestire al meglio l'ambiente di lavoro ed il Desktop.

La finestra **Pannello di controllo** ti permette di verificare le impostazioni del sistema operativo e le caratteristiche hardware del computer che stai usando.

Per accedere al Pannello di controllo:
1. fai click sul pulsante **Start**
2. seleziona **Pannello di controllo**.

Compare una finestra di dialogo con un insieme di icone, associate a varie categorie, ciascuna delle quali contiene componenti hardware e software del sistema.

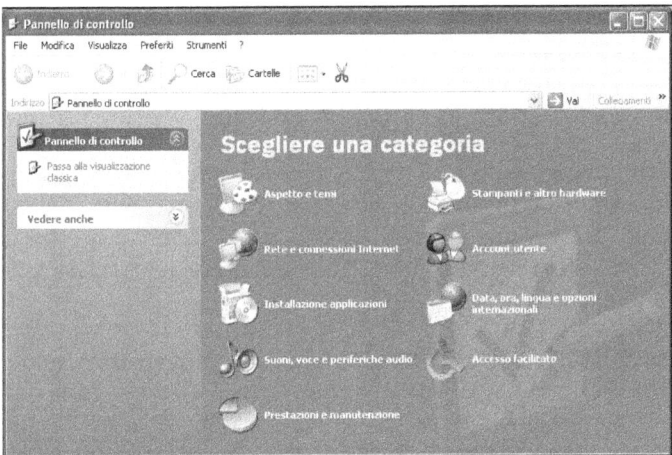

Puoi modificare la modalità di visualizzazione di questa finestra, chiedendo di mostrare tutte le singole componenti del **Pannello di controllo**, a discapito della loro suddivisione in categorie. Per fare questo, seleziona la voce **Passa alla visualizzazione classica**, nel riquadro sinistro della finestra.

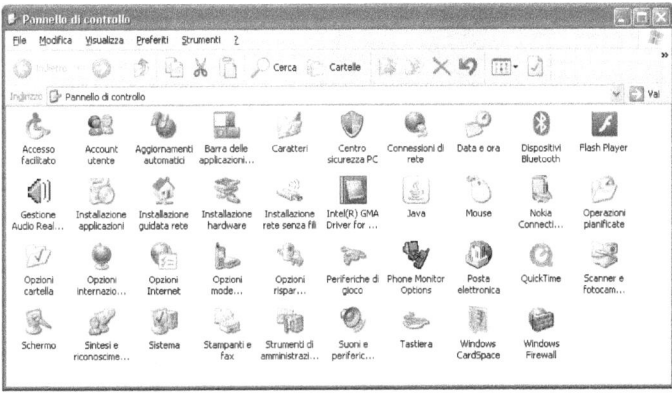

Tutte le informazioni che riguardano il computer, sono presenti nella finestra di dialogo **Sistema**.

Aprila facendo doppio click sull'icona omonima: Sistema

Nella visualizzazione a categorie, scegli **Prestazione e manutenzione**. Seleziona poi l'operazione **Visualizzare informazioni di base sul computer**, o l'icona **Sistema**, presente nel Pannello di controllo. Se, invece, hai attivato la modalità di visualizzazione classica, fai direttamente clicksull'icona **Sistema**.

2.1.2.2 Modificare la configurazione del desktop

Lavorare in un ambiente ordinato, funzionale e accogliente, è importante, sia che si tratti di un ufficio, sia che si tratti di un ambiente simulato, come i desktop. Per questo motivo Windows ti permette di modificare le impostazioni della scrivania virtuale e di adattarle ai tuoi gusti e alle tue esigenze.

Per modificare le impostazioni del tuo desktop procedi in questo modo:
1. fai click con il pulsante destro del mouse su una zona libera del desktop, attivando, così, il menu di scelta rapida;
2. Fai click su Proprietà: si apre una finestra di dialogo "Proprietà – Schermo"

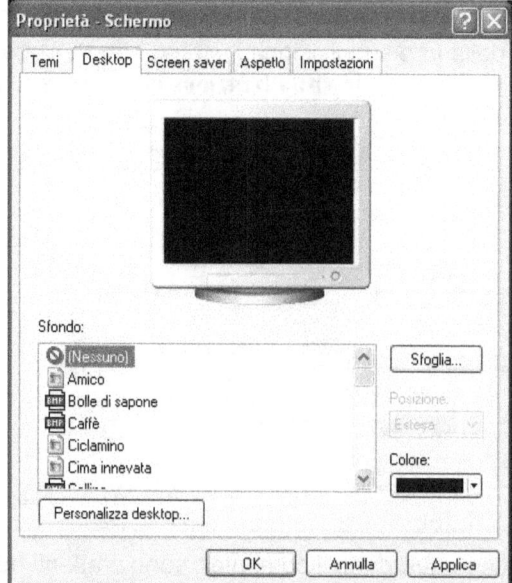

Tale finestra di dialogo è composta da cinque schede e ti consente di personalizzare tutti gli aspetti di visualizzazione riguardanti gli effetti visivi.
Puoi modificare lo sfondo, lo Screen saver, l'aspetto delle finestre di dialogo e le impostazioni.
Attraverso la scheda **Impostazioni** puoi impostare le opzioni relative all'uso dei colori e alla risoluzione dello schermo.
Nella scheda **Screen saver (salva schermo)** puoi impostare il funzionamento e l'aspetto dello Screen saver, cioè del software che visualizza sullo schermo un'immagine in movimento quando il computer non viene usato per un determinato periodo di tempo. La scheda ti permette di scegliere l'immagine da visualizzare e l'intervallo di tempo che deve trascorrere prima che il programma si attivi. Se vuoi che venga richiesta una password prima di riprendere a utilizzare il computer dopo l'esecuzione dello Screen saver, abilita la casella **Al ripristino proteggi con password**. Questo si rende necessario per evitare che occhi indiscreti possano visualizzare le informazioni sul nostro computer o che qualcuno possa accedere alle nostre informazioni in caso di un momentaneo allontanamento dalla scrivania di lavoro.

Puoi cambiare lo sfondo del **Desktop**, utilizzando la scheda omonima. Scegli lo sfondo preferito dall'elenco disponibile, oppure premi il pulsante **Sfoglia** per selezionare un'immagine personalizzata o magari una immagine personale scattata con una macchina fotografica digitale.
Puoi anche impostare un tema, una combinazione di elementi come ad esempio lo sfondo, i suoni, le icone e i colori. Apri la scheda **Temi** e seleziona quello desiderato. In tutti i casi, il riquadro esempio visualizza un'anteprima dell'aspetto finale.

Nella barra delle applicazioni, nella zona a destra, sono presenti alcune icone che ti permettono di impostare le proprietà del suono e del calendario.

Per impostare l'ora e la data, fai doppio clicksull'ora nella barra delle applicazioni, oppure fai clickcon il pulsante destro del mouse sull'ora e scegli **Modifica data/ora** dal menu di scelta rapida.
Allo stesso modo, agendo sull'icona dell'altoparlante, puoi impostare le proprietà che riguardano il suono.
Dopo aver agito sulle impostazioni, fai click su **Ok**.
Per impostare il volume audio, fai click due volte sull'icona dell'altoparlante. Nella finestra che si apre puoi regolare il sonoro delle periferiche audio di riferimento.

Tutte le operazioni descritte, che abbiamo compiuto attraverso l'uso di comandi rapidi, possono essere svolte anche dal **Pannello di controllo**.

2.1.2.3 Impostare, aggiungere una lingua della tastiera.

La tastiera è, insieme al mouse, il dispositivo di input più usato. Per questo motivo è importante che le proprietà di tale periferica siano impostate coerentemente con le tue necessità.
Per verificare le impostazioni della tastiera, apri la finestra **Tastiera** dal **Pannello di controllo**, con visualizzazione classica.

Tastiera

Puoi anche selezionare **Stampanti e altro hardware** e poi **Tastiera** nella parte bassa della schermata. La finestra è divisa in due schede.
Attraverso la scheda **Velocità**

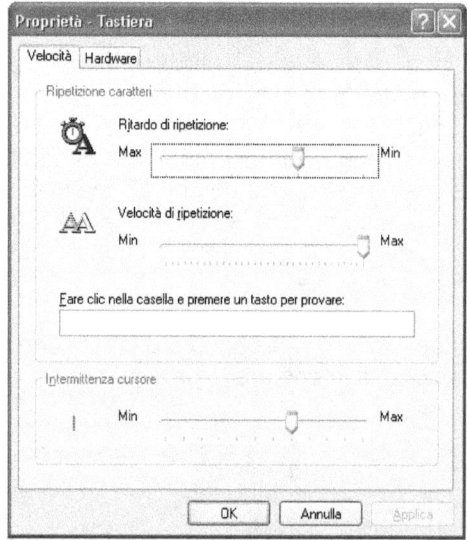

puoi regolare il **Ritardo di ripetizione**, cioè quanto tempo Windows attende prima di ripetere un tasto che si tiene premuto, e la **Velocità di ripetizione**, cioè quanto rapidamente Windows ripete il tasto dopo il ritardo iniziale. Nella finestra di dialogo, la casella in basso serve per regolare l'intermittenza del cursore.

Nella scheda **Hardware**, invece, trovi la descrizione del tipo di tastiera installata.

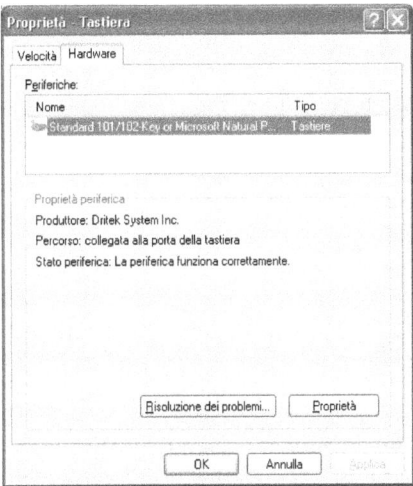

Per impostare la lingua della tastiera, Windows ti mette a disposizione una barra della lingua, attivabile attraverso l'icona sulla barra delle applicazioni.

La barra riporta una sigla che indica la lingua impostata per la tastiera. Premendo su questa sigla, si apre un menu con ulteriori possibili lingue tra cui puoi scegliere.
Scegli quella desiderata nell'elenco delle lingue, che varia a seconda dalle installazioni eseguite su ciascun personal computer.

2.1.2.4 Installare, disinstallare un'applicazione.

Per poter utilizzare un'applicazione in Windows è necessario "installarla", questo non significa copiare semplicemente l'applicazione sul disco. Infatti, ogni applicazione è corredata da varie altri componenti o moduli software che ne permettono il suo corretto funzionamento pertanto è necessario avvisare Windows , il sistema operativo, della loro esistenza e della loro dislocazione fisica sul disco. Dunque oltre a vari file vengono creati da Windows una serie di riferimenti a questa applicazione.

Per installare un'applicazione :
1. fai click sul pulsante **Start**
2. seleziona **Pannello di controllo**
3. fai click **Installazione Applicazioni**

Compare la seguente finestra:

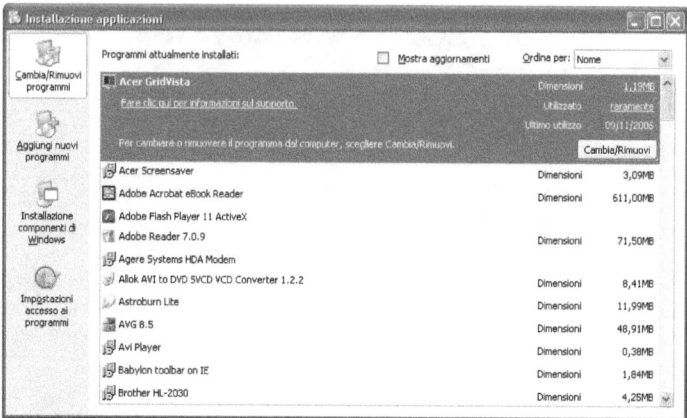

Per procedere all'installazione del nuovo programma, nella finestra "Installazione Applicazioni" devi selezionare il pulsante **Aggiungi nuovi programmi** presente sulla barra laterale a sinistra. Premi poi il pulsante **Cd Rom o Floppy** [CD-ROM o floppy] per lanciare una creazione guidata che ti condurrà passo passo nella procedura di installazione. Segui la procedura fino al suo termine e dunque premi il pulsante **Fine** per avviare l'installazione.

Fortunatamente l'istallazione dei programmi è quasi sempre realizzata attraverso delle procedure automatizzate che richiedono un intervento minimo da parte dell'utente (tipicamente viene chiesta la cartella dove dovranno essere copiati i vari files necessari al programma). Per installare un programma con il suo CD basta inserire il disco nel drive e la procedura parte da sola; se così non fosse, bisogna cercare nel CD il file di installazione , che normalmente si chiama "setup.exe" o "autorun.exe" o "install.exe" o un nome simile e dunque farla partire con un doppio click.

Dopo l'installazione il programma è pronto per il suo utilizzo a meno che non venga richiesto dalla procedura un riavvio del sistema.

La finestra descritta ti permette anche di eliminare un programma che non vuoi più utilizzare. Non è infatti possibile cancellare semplicemente i file dell'applicazione. È necessario nuovamente avvisare il sistema operativo della eliminazione dell'applicazione e dunque dovranno essere cancellati sia tutti i suoi file ma anche tutti i suoi riferimenti.

Nella finestra viene riportato l'elenco di tutti i programmi installati. Per rimuoverne uno, scegli il comando **Cambia/rimuovi programmi**, nella barra laterale a sinistra, e seleziona nel riquadro destro il programma da rimuovere.

Compaiono due pulsanti: **Cambia** e **Rimuovi** : | Cambia/Rimuovi |
Premi il primo (cambia) se desideri modificare l'installazione, per esempio, aggiungere alcuni strumenti. Premi il secondo (rimuovi) se invece desideri rimuoverlo del tutto.

2.1.2.5 Utilizzare la funzione di stampa schermo.

A volte può essere utile poter fare una fotografia degli elementi presenti sullo schermo. Utilizzando la tastiera puoi copiare la finestra attiva oppure l'intero schermo così come appare sul monitor.

Il tasto che ti permette di compiere tale funzione è **Stamp**. Se premuto da solo, salva nella cartella appunti un'immagine che rappresenta l'intero schermo. Se viene premuto insieme al tasto **Alt**, l'immagine salvata contiene solo la finestra attiva.

Gli elementi, salvati e memorizzati negli **Appunti**, possono essere incollati in qualsiasi documento. Per far questo, apri il documento, quindi seleziona **Incolla** dal menu **Modifica** nella finestra del documento, o premi la combinazione di tasti **Ctrl+C**. L'immagine catturata compare nel nuovo documento che a questo punto può essere sia modificata che salvata.

2.1.3. Uso delle icone

Uno dei sistemi più efficaci di comunicazione è il disegno. Per questo motivo simboli e immagini hanno invaso la nostra vita. Siamo in grado, in qualsiasi paese al mondo, di trovare una toilette o un ristorante; sappiamo dove sono le uscite di sicurezza di un palazzo o di un centro commerciale, anche se siamo in un paese di cui non conosciamo la lingua. Questo ci è possibile perché la lingua universalmente capita è fatta da simboli, spesso stilizzati, che richiamano un'idea, un concetto, un posto.

Allo stesso modo, il mondo dell'informatica, un tempo riservato ai pochi addetti ai lavori, ha sviluppato un linguaggio fatto di simboli: le icone. E' importante dunque imparare a riconoscere le icone, il loro significato e il loro utilizzo. Imparare a usarle come oggetti sulla scrivania virtuale, a spostarle, a metterli in ordine.

2.1.3.1 Riconoscere le più comuni icone, quali quelle che rappresentano: file, cartelle, applicazioni, stampanti, unità, cestino dei rifiuti.

I simboli o le immagini che compaiono sul desktop vengono chiamate **Icone**. Attraverso l'uso delle icone puoi agire velocemente su file, cartelle o programmi. Ogni icona, infatti, ha un significato particolare e può essere collegata con un file, un programma, una cartella, la stampante o il cestino dei rifiuti.

Puoi facilmente identificare alcuni oggetti o funzioni, come gli ultimi citati. Risulta, invece, più difficile collegare l'icona al programma a cui fa riferimento. Ciascuna applicazione, infatti, viene rappresentata da una propria icona che identifica anche i documenti creati con essa.

Le simbologie utilizzate per generare le icone sono sempre legate al software e, dopo un po' di pratica, sarà semplice identificare al primo colpo i programmi e i file rappresentati.

2.1.3.2 Selezionare e spostare le icone.

Agire sulle icone significa agire sui programmi, sui file, sulle cartelle che rappresentano. Spostare una icona da una cartella all'altra, significa spostare l'oggetto corrispondente.

Puoi facilmente selezionare un'icona facendo un click su di essa. Tenendo premuto il tasto sinistro del mouse sull'icona selezionata è possibile spostarla, trascinandola (operazione chiamata **Drag**). L'icona si posizionerà nel punto in cui si decide di rilasciare il tasto sinistro del mouse (operazione chiamata **Drop**).

Puoi selezionare più icone contemporaneamente, compiendo azioni precise su tutte in una sola operazione.

Nel caso siano contigue, fai click sulla prima icona. Tenendo premuto il pulsante **Maiusc** (a volte il pulsante ha una freccia rivolta verso l'alto ⇧), fai click sull'ultima. In alternativa, fai click con il mouse in un punto esterno a tutte le icone che desideri selezionare, quindi, tenendolo premuto, traccia un rettangolo in modo tale che al suo interno rientrino le icone da selezionare.

Se non sono contigue, fai click sulla prima icona, quindi tieni premuto il tasto **Ctrl** e fai click su ogni altra icona da selezionare.

2.1.3.3 Creare, eliminare dal desktop un'icona di collegamento o un alias di menu.

Sul desktop compaiono oggetti rappresentati da icone. Il loro ruolo non è però quello di abbellire il piano di lavoro, ma quello di migliorare la funzionalità dell'ambiente.

Abbiamo già visto che a ogni icona è abbinato un file, una cartella, un programma. Per accedere a tale oggetto devi aprirlo, lanciando un applicativo o visualizzando il contenuto di una cartella o di un file. Per fare questo è sufficiente fare doppio click sull'icona desiderata.
L'oggetto collegato si aprirà sul desktop, contenuto in una finestra di dialogo e sulla barra delle applicazioni apparirà il relativo pulante.

2.1.3.4 Utilizzare un'icona per aprire un file, una cartella, un'applicazione.

Il desktop è la scrivania virtuale dove lavoriamo. Su qualsiasi scrivania sono presenti alcuni oggetti: un porta penne, l'agenda, un tagliacarte e altri strumenti che usiamo di frequente.
Nello stesso modo, anche la scrivania virtuale, il desktop può contenere quello che ti serve per lavorare.
Oltre alle icone già descritte, puoi generare sul desktop un collegamento a un programma o a una particolare cartella. Un collegamento è un puntatore a un elemento che puoi aprire immediatamente facendo doppio click sull'icona del collegamento stesso.
Creare un collegamento è un'operazione molto semplice: scegli la cartella o il file che vuoi collegare, in **Risorse del computer**. Seleziona l'elemento con il tasto destro del mouse, quindi trascinalo in un'area vuota del desktop.
Nel menu di scelta rapida fai click su **Crea collegamento**. Sul desktop compare la nuova icona del collegamento all'elemento di origine che rimane posizionato dove era collocato in precedenza.
Per generare un collegamento a un programma, il procedimento da seguire è lo stesso, salvo il fatto che l'oggetto di partenza va selezionato in **Tutti i programmi** nel menu **Start**.
Un collegamento è un oggetto assolutamente differente dal file, dalla cartella, o dal programma dal quale trae origine. Spostare, copiare, cancellare un collegamento, presente sul desktop, non modifica in alcun modo l'oggetto collegato.

2.1.4 Uso delle finestre

Windows deve il suo nome alla struttura che lo caratterizza fin dalla sua prima versione, la finestra. Tale struttura costituisce l'interfaccia di dialogo fra i programmi e l'utente.
Per spostare una finestra nel desktop, basta tenere premuto il tasto sinistro del mouse sulla **Barra del titolo** e trascinare la finestra nella posizione desiderata.

2.1.4.1 Struttura delle Finestre

Tutte le finestre in Windows presentano elementi comuni, che ne fanno una struttura costante. Imparare a riconoscere questi elementi ti permette di lavorare correttamente in questo ambiente, sfruttandone al meglio le possibilità.
Analizziamo ora le parti di cui è composta una finestra di Windows.

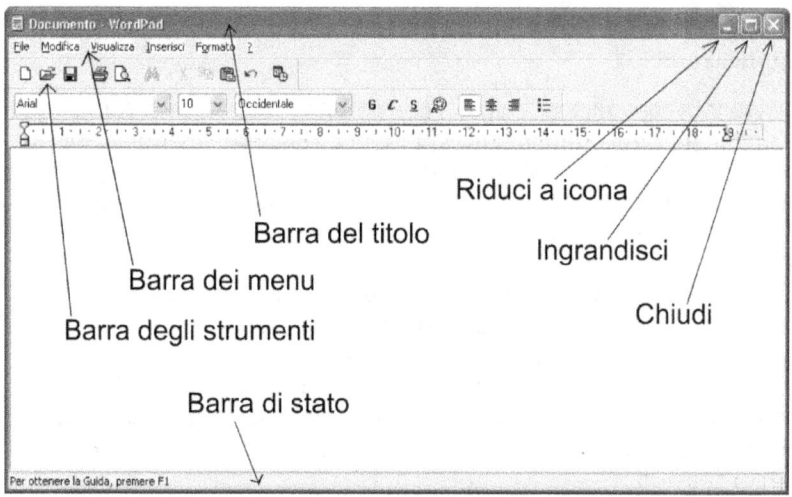

Barra del titolo. Si definisce barra del titolo la parte superiore della finestra dove viene visualizzato, nella parte sinistra, il titolo dell'applicazione aperta, il nome del file contenuto nella finestra o il tipo di funzione della finestra stessa.

Barra dei menu. Oltre alla barra dei titoli, la finestra si compone di altre parti ben definite. La Barra dei menu, che si trova subito sotto la barra dei titoli, riporta i menu dei comandi disponibili.

Barre degli strumenti. Al di sotto della barra dei menu viene spesso visualizzata una serie di icone raggruppate in strutture denominate Barre degli strumenti. Queste icone rappresentano dei collegamenti a operazioni e procedure che si trovano nei vari sottomenu della barra dei menu.

Barra di stato. Nella parte inferiore della finestra si trova la Barra di stato. Qui vengono fornite le informazioni principali sulle operazioni che compie l'utente all'interno dell'applicazione.

Barre di scorrimento. Infine, si definiscono Barre di scorrimento i rettangoli di lunghezza variabile, delimitati da 2 bottoni con frecce divergenti, che permettono la visualizzazione del contenuto della finestra.

2.1.4.2 Minimizzare, massimizzare, ripristinare, ridimensionare, spostare, chiudere una finestra.

Le finestre sono oggetti indipendenti che vengono posizionati sul desktop. Puoi avere la necessità di spostare tali oggetti o di fare in modo che scompaiano per lasciare spazio libero per altre finestre o per visualizzare le icone dello stesso desktop.

I tre pulsanti, presenti a destra della barra del titolo, ti permettono di compiere una serie di azioni per il controllo delle finestre.

Il primo da sinistra ti permette di ridurre a icona una finestra. Con questa operazione non si chiude l'applicazione, ma soltanto la finestra. Per ripristinare la finestra al suo stato precedente, puoi semplicemente fare click sull'icona della barra delle applicazioni.

Il secondo pulsante cambia aspetto a seconda che la finestra occupi tutto lo schermo, sia cioè **Massimizzata**, oppure solo una parte di esso, vale a dire **Ridimensionabile**. Fai click su questo pulsante per passare da uno stato all'altro.

Il terzo pulsante serve per chiudere la finestra. Agendo su questo pulsante scompare anche l'icona sulla barra delle applicazioni, a conferma che l'applicazione è stata effettivamente chiusa.

Le finestre possono essere dimensionate a piacere in modo da sfruttare al meglio lo spazio a video. Per modificare le dimensioni di una finestra, visualizzala e accertati che sia attiva, cioè che la barra del titolo sia colorata. Verifica, inoltre, che la finestra sia nello stato ridimensionabile. Per allargare la finestra posiziona il puntatore del mouse sul bordo verticale in modo che compaia il simbolo di una doppia freccia. Tenendo premuto il tasto sinistro del mouse, trascina il bordo in modo da ottenere la larghezza desiderata. Allo stesso modo, agendo sul lato orizzontale, puoi modificare l'altezza della finestra stessa.

Per agire contemporaneamente su entrambi i lati, fai click in corrispondenza dello spigolo della finestra in basso a sinistra, dove la doppia freccia appare posizionata in obliquo.

2.1.4.3 Passare da una finestra ad un'altra.

Aprire più finestre contemporaneamente può essere molto utile e ti può far risparmiare molto tempo.
Tutte le finestre aperte hanno la relativa icona, presente sulla barra delle applicazioni. La finestra attiva, quella su cui stai lavorando, si riconosce dalle altre perché la barra del titolo appare colorata e l'icona sulla barra delle applicazioni appare premuta.
Per passare da una finestra aperta a un'altra puoi utilizzare vari modi :

1. con un click all'interno della finestra che vuoi porre in primo piano;
2. con click sull'icona corrispondente, presente sulla barra delle applicazioni;
3. premendo **Alt+Tab** per far comparire una piccola finestra contenente le icone delle finestre aperte; continuando a tenere premuto **Alt**, premi **Tab** fino a selezionare l'icona della finestra che vuoi attivare. Compiuta la scelta, rilascia il tasto **Alt** per visualizzare la finestra desiderata.

2.2 Gestione dei file

2.2.1 Concetti fondamentali

Utilizzando il computer, attraverso l'uso di programmi, produci dei documenti di diverso tipo. Questi file vengono memorizzati, archiviati, in unità di memoria di massa. Ben presto tali dispositivi di memorizzazione si riempiono di file ed è estremamente importante capire come gestire un archivio di questo tipo.

2.2.1.1 Visualizzazione delle unità disco, le cartelle e i file in una struttura gerarchica detta ad albero.

In questo punto saranno esposti i concetti generali che ti permetteranno di comprendere come archiviare i tuoi documenti e quali unità di memorizzazione utilizzare.
Il sistema di registrazione su dischi è organizzato in una struttura gerarchica di cartelle. Si parte dalla cartella che definisce l'intero disco e che contiene al suo interno oggetti quali cartelle, programmi, archivi di dati

Ogni cartella, a sua volta, può contenere questi oggetti. Le cartelle, in sintesi, hanno una **struttura** detta "**ad albero**".
È facile per l'utente individuare i tipi di file presenti all'interno delle cartelle: le icone che li rappresentano simboleggiano l'applicazione che verrà lanciata per la visualizzazione.

2.2.1.2 Periferiche per la memorizzazione di file e cartelle : dischi fissi, chiavi USB, CDRW, DVD-RW, unità di rete.

I dispositivi di memoria periferica, presenti nel sistema, sono indicati con una lettera alfabetica, seguita da due punti:
- Floppy Disk (A:);
- Hard Disk (C:) ;
- Cd-Rom (D:) ;
- DVD-RAM (E:);
- Pen Drive (D:);

All'interno di ogni unità puoi creare un archivio organizzato.
Se il tuo computer è inserito in una rete, potresti avere a disposizione altre unità di memoria di massa. In questo caso, oltre alla lettere,

identifica il dispositivo anche il nome del computer che lo contiene. In questo modo si evitano dannose ripetizioni.

2.2.1.3 Dimensioni di file e cartelle: KB, MB, GB.

Il computer utilizza un linguaggio **binario** in cui la più piccola unità di memorizzazione, il **bit** può assumere due soli valori: 1 e 0. Convenzionalmente 1 rappresenta lo stato di ON (acceso) e 0 lo stato di OFF (spento). Un gruppo di otto bit costituisce un **byte**, unità minima per rappresentare un carattere, un numero o un simbolo. La diversa successione di 0 e 1 all'interno di un byte permette di ottenere 256 varianti. Con un byte siamo quindi in grado di rappresentare tutte le lettere dell'alfabeto latino, maiuscole e minuscole, i numeri, i segni d'interpunzione, e ancora altri simboli. Per esempio, la sequenza 01000001 in codice binario viene usata per indicare la lettera A.

I multipli del byte sono:
- il **kilobyte** (KB), costituito da 1024 byte, che corrisponde circa alla memoria occupata da una pagina di testo;
- il **megabyte** (MB), costituito da 1.048.576 byte (1024 Kilobyte), che corrisponde a circa 1000 pagine di testo;
- il **gigabyte** (GB), costituito da 1.073.741.824 byte (circa un milione di pagine di testo);
- il **terabyte** (TB), costituito da 1024 gigabyte (circa un miliardo di pagine di testo).

Per cercare i dati nelle memorie esterne possiamo ricorrere ad alcuni elementi:
- **carattere** (unità minima di registrazione, occupa un byte. Es: L, 2, ecc.)
- **campo** (insieme di caratteri che rappresentano un dato. Es: Nome, Età, ecc.)
- **record** (insieme di campi che costituiscono una informazione unitaria. Es: Nome-Cognome-Indirizzo)
- **file** (insieme di record che hanno la stessa struttura)
- **cartella** (insieme di file a cui viene dato un nome per semplificare la ricerca)

2.2.1.4 Copie di backup di file su un supporto di memoria rimovibile.

Uno dei principali accorgimenti da rispettare per la salvaguardia dei dati è quello di tutelarsi da una possibile rottura o smagnetizzazione dell'hard disk o degli altri dispositivi di memoria o dalla cancellazione involontaria di file o cartelle.

Per evitare questi problemi è opportuno effettuare periodicamente un backup, ovvero una copia di riserva dei dati più importanti su un disco, un nastro, un floppy o un CD, per poterli ripristinare in caso di necessità (essendo i dischetti e nastri facilmente deteriorabili, è preferibile salvare i dati su CD-ROM).
Per ripristino si intende il rinvenimento di dati danneggiati o perduti attraverso le copie di backup.
In piccole aziende può essere sufficiente effettuare un backup giornaliero o settimanale, in grandi aziende potrebbe essere invece necessario effettuare il backup più volte al giorno

2.2.1.5 Vantaggi del salvataggio dei file su unità online: maggiori possibilità di accesso e di condivisione.

Molte aziende oggi offrono un servizio di backup on line rispetto ai tradizionali software di backup on site sulle postazioni del'utente.

Tali servizi di Backup On line prevedono la fornitura di uno spazio di archiviazione online specificamente progettato per il salvataggio di contenuti statici, tipicamente file di grandi dimensioni, o backup periodici di cui si desidera tenere uno storico.

Tale backUp è adatto a tutti coloro che desiderano archiviare in un luogo sicuro i loro file a scopo di backup remoto personale. Gli utenti possono caricare i propri file ed eventualmente condividerli in modo sicuro, rendendoli accessibili eventualmente anche a specifici gruppo di utenti.

I vantaggi del Backup Online rispetto all'archiviazione tradizionale sono molteplici, ecco alcuni esempi:

- **Sicurezza**: I file sono trasferiti ed archiviati in modo sicuro, alcuni software utilizzano una cifratura a 128 bit, uguale o superiore a quella delle banche.
- **Dislocazione fisica**: I dati sono fisicamente in luoghi diversi da quelli in cui si trovano gli originali. In questo modo sono protetti anche in caso di furto o incendio. Si dispone di un grande spazio di archiviazione generalmente espandibile con un costo aggiuntivo nel momento in cui se ne ha bisogno.
- **Accesso ovunque:** è possibile accedere ai file protetti da sistemi di Backup Online in qualsiasi momento, direttamente dal client installato sul computer. Oppure da qualsiasi PC connesso ad internet e da telefono cellulare attraverso il sito web del gestore del servizio. Multicomputer (più computer un solo

account): solo alcuni servizi consentono ad un solo utente di proteggere con il proprio account più computer. La maggior parte di essi segue il concetto: un account un computer. Grazie a questo sistema è possibile fare il Backup ad esempio del proprio computer di casa e di quello del lavoro ed accedere ai dati con un'unica interfaccia indipendentemente da dove i file siano stati salvati.

- **Archiviazione permanente:** è importante prestare particolare attenzione nei confronti della durata di archiviazione. Alcuni servizi, infatti, assicurano protezione per un tempo che può essere definito virtualmente infinito (ovvero per tutta la durata dell'abbonamento), altri servizi, invece, archiviano e proteggono i dati soltanto per alcuni giorni (solitamente 30 giorni). Questo significa che se per qualsiasi motivo hai smarrito i tuoi dati, hai a disposizione solo 30 giorni di tempo per recuperarli online, dopodiché li avrai definitivamente persi.

- **Backup in tempo reale:** se l'utente crea un nuovo documento o modifica un file già esistente, il client salva immediatamente ed in automatico la modifica sul server remoto. Non tutti i servizi dispongono di questa funzione, alcuni eseguono il salvataggio solo ogni 12 o 24 ore.

- **Completamente automatico:** una volta scelto cosa salvare, il client si avvia insieme al computer, lavora silenziosamente e continuamente in background per la protezione dei dati senza l'intervento dell'utente e solo se le risorse del computer (banda, ram, CPU) non sono utilizzate da altri processi più importanti. È possibile decidere di archiviare nuovi file in qualsiasi momento fino al completamento dello spazio disponibile.

- **Condivisione (sharing):** il Backup Online è a tutti gli effetti un'estensione degli ormai noti sistemi di 'file sharing', ovvero i servizi che permettono di pubblicare online i propri files per renderli disponibili ad amici e colleghi o per disporre di un hard disk virtuale su Internet. Nel Backup Online c'è però una differenza importante. I dati sono già su Internet, questi vengono uploadati mentre si fanno altre cose e possono essere condivisi immediatamente con un solo click. Con alcuni servizi di Backup Online non importa, infatti, quale dimensione abbia il file da condividere, il client invia in automatico una e-mail al destinatario prescelto contenente l'indirizzo URL presso cui poter trovare il file. A questo punto, chi riceve l'e-mail clicca sul link ricevuto e preleva il file senza problemi. Per altri sistemi, invece, c'è un limite nella dimensione del file da uploadare ed il processo è più macchinoso.

- **Prestazioni ottimali:** i migliori servizi di Backup Online non rallentano il computer sul quale sono installati. Generalmente monitorano quante risorse del sistema si stanno utilizzando adeguandosi alle esigenze dell'utente. In questo modo le performance del computer non vengono compromesse.
- **Motore di ricerca:** alcuni software di Backup Online hanno un motore di ricerca interno che consente una ricerca e gestione rapida dei propri file. Alcuni sono dotati di un sistema di ricerca semantica che consente una più approfondita ricerca ed analisi anche all'interno dei documenti e quindi un risultato più preciso.
- **Scalabile On-Demand:** in quasi tutti i servizi è possibile aumentare lo spazio a disposizione pagando una somma in base al numero di Gigabyte aggiuntivi richiesti. Molte software-house vendono lo spazio a pacchetti fissi di n. Gigabyte, altre invece, sono più flessibili e prendono in considerazione le richieste del cliente che esulano dai pacchetti standard.
- **Versioning:** è il sistema che tiene traccia di tutte le modifiche effettuate su un determinato file per un tempo virtualmente infinito. Ogni volta che il file viene salvato, il sistema archivia la sola parte incrementale dello stesso e crea una nuova versione. Così, se si vuole ripristinare un vecchio documento che è stato sovrascritto involontariamente, è possibile tornare indietro ed accedere a tutte le versioni del file. Il sistema non cancella i file salvati a meno che non sia l'utente stesso a deciderlo. Solo la minoranza dei fornitori dispone di questa caratteristica importante.

2.2.2 File e cartelle

2.2.2.1 Proprietà di una cartella.

Ogni cartella, file o archivio di dati possiede delle proprietà: nome, tipo, dimensione, data di creazione, ultimo aggiornamento, etc.
Puoi facilmente verificare queste proprietà: fai click con il tasto destro del mouse sull'icona della cartella e seleziona **Proprietà** nel menu di scelta rapida.
Appare la finestra denominata **Proprietà - "Nome della cartella"**, dove trovi tutti i dati relativi all'oggetto sul quale hai agito.

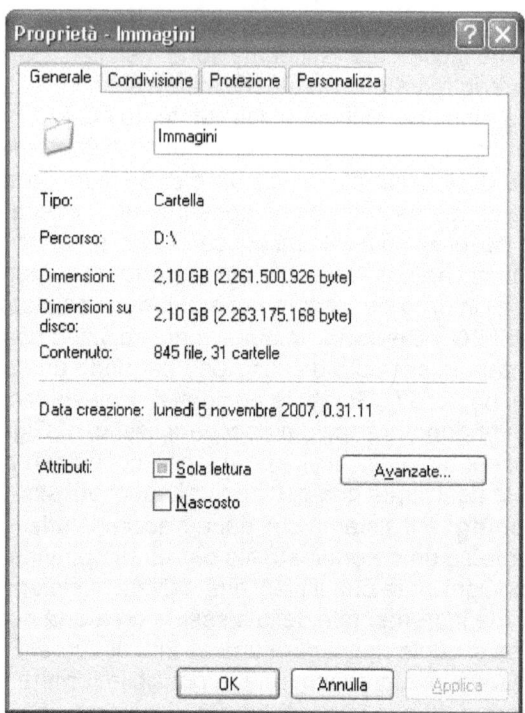

Allo stesso modo puoi visualizzare i dati relativi ad un file.
La finestra **Proprietà** ti offre alcune opzioni aggiuntive. Devi porre
particolare attenzione agli attributi: se viene applicato il segno di spunta
sulla voce **Sola lettura**, ad esempio, il file può essere aperto ma non può
essere modificato. Ulteriori restrizioni sono applicate se fai click su
Nascosto: tale attributo non permette di visualizzare il file in **Risorse del
computer**.
L'attributo **Archivio** è l'unico, tra i 4, non restrittivo: viene considerata
come ulteriore informazione.
L'attributo **Sistema** forza il file a essere catalogato e riconosciuto dal
sistema operativo Windows come un proprio file interno di utilità e di
configurazione.

2.2.2.2 Espandere, minimizzare le viste delle unità e delle cartelle.

Puoi gestire le cartelle e i file per mezzo di due strumenti: **Risorse del
computer** ed **Esplora risorse**.
Risorse del computer usa finestre gerarchiche che permettono di
visualizzare la struttura della memoria locale e di trovare i documenti di

cui hai bisogno. Lancia **Risorse del computer** selezionando la voce dal menu **Start**.
In **Esplora Risorse**, il sistema di visualizzazione ti permette di avere una visione globale di tutte le cartelle presenti su un disco. Nella finestra, infatti, compare una **rappresentazione della struttura ad albero** degli archivi, dove puoi trovare la cartella desiderata. Nella struttura ad albero, puoi scegliere il livello di dettaglio per ogni singola cartella, ossia se mostrare o no le sottocartelle relative: agendo sul pulsante "+" vengono visualizzate le sottocartelle, mentre facendo click sul "-" le sottocartelle vengono richiuse.
Puoi passare dalla visualizzazione di **Risorse del computer** a quella di **Esplora risorse** e viceversa, in modo molto semplice: premi il pulsante

Cartelle   posto sulla barra degli strumenti.

Esistono diversi modi di visualizzare gli oggetti. Agendo all'interno del menu **Visualizza** è possibile selezionare la grandezza delle icone e le informazioni da visualizzare. Se vengono visualizzati tutti i **Dettagli,** puoi ordinare i file secondo criteri diversi. I bottoni presenti su ciascuna colonna, infatti, permettono di ordinare per **Nome, Dimensione, Tipo, Data dell'ultima modifica**. Premendo la prima volta sul pulsante vengono visualizzati in ordine crescente. Il secondo comando inverte l'ordine.

2.2.2.3 Raggiungere un file, una cartella su un'unità.

Come abbiamo visto, per sfogliare le cartelle alla ricerca di un file, puoi utilizzare sia **Risorse del computer** che **Gestione risorse**.
Puoi accedere a **Risorse del computer** dal menu **Start**. Una volta aperta la finestra, scegli l'unità di memoria che vuoi esplorare e aprila facendo doppio click sulla sua icona. Allo stesso modo, fai doppio click su una cartella per visualizzarne il contenuto e ripeti il procedimento per le sottocartelle, fino ad arrivare al punto desiderato. Una volta individuato, apri il file facendo doppio click su di esso o scegliendo **Apri** dal menu di scelta rapida.

Puoi ripercorrere a ritroso le cartelle che hai sfogliato facendo click sul

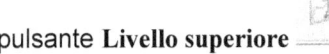

pulsante **Livello superiore**

Se decidi di utilizzare **Gestione risorse**, puoi selezionare la cartelle desiderata, facendo click su di essa nella struttura visibile nella parte sinistra della finestra. Ti ricordo che per visualizzare livelli successivi delle struttura devi solo fare click sul "+".

La finestra attiva è rappresentata con un simbolo differente, con la cartella aperta, e il suo contenuto è visibile nella parte destra della finestra.
Affinché sia funzionale, un archivio deve essere ordinato e ben diviso, attraverso cartelle e sottocartelle. Puoi così trovare un file seguendo un percorso logico attraverso le cartelle, che dividono i file per argomenti.

2.2.2.4 Creare una cartella e un'ulteriore sottocartella.

Per creare una cartella su un disco, è necessario aprirlo. Nella finestra **Risorse del computer** fai doppio click sull'icona relativa, quindi, apri il menu **File** e scegli la voce **Nuovo** e, nel sottomenu, fai click su **Cartella**. In alternativa, scegli **Crea Nuova Cartella** dal riquadro **Operazioni file e cartelle**.
In entrambi i casi appare una nuova cartella con il nome "Nuova cartella" evidenziato. Digita il nuovo nome e premi **Invio**.
La cartella è stata creata ed è ora pronta ad accogliere file o sottocartelle.
Per creare una sottocartella, entra nella cartella in cui vuoi operare e ripeti le operazioni appena descritte.

2.2.3 Operare con i file

2.2.3.1 Tipi di File.

Abbiamo già detto che esistono file di diverso tipo. Semplificando, possiamo dire che ogni programma produce una tipologia differente di documento. Ora vedrai quali strumenti Windows ti mette a disposizione per distinguere i differenti tipi file e le procedure che ti aiutano nella gestione degli archivi.
Verificheremo la possibilità di contare automaticamente i file, di contarli, di rinominarli e ordinarli secondo criteri differenti.

Ogni file è caratterizzato da un nome e da un'estensione.
*   Il **nome** viene scelto dall'utente quando viene generato il file;
*   l'**estensione** viene attribuita automaticamente e dipende dal tipo di file a cui si riferisce.

A seconda dell'estensione, i file vengono rappresentati con icone differenti, che si riferiscono al programma che permette di elaborare gli stessi file. In questo modo ti è facile riconoscere in un archivio i file di tipo differente e capire subito se si tratta di immagini, presentazioni o fogli di calcolo.
Vediamo un elenco dei file più comunemente usati.

- .TXT: Testo
- .DOC, .DOCX: Documento di Microsoft Word
- .XLS, .XLSX: Foglio di lavoro di Microsoft Excel
- .MDB, . ACCDB: Data Base di Microsoft Access
- .PPT, .PPTX: Presentazione di PowerPoint
- .PRN: Stampa
- .GIF, .JPG, JPEG, .BMP, .PNG, .PSD, : Immagine
- .TMP: File temporanei
- . AIFF, .MIDI, .WAV, .MP3, .WMA: File Audio
- . AVI, .MOV, .MPG, .MPEG, .WMV, MP4, .FLV: File Video
- . ZIP, .RAR: File compressi o zippati
- .HTM, .HTML, .SHTML, .SHTM, .STM : pagine web statiche;
- .ASP, .ASPX, .PHP .DWT : pagine web dinamiche o script;
- .PDF : Documenti di tipo PDF;
- .EXE, .COM, .BAT , .CMD : Programmi e script eseguibili in Windows;

Può essere utile verificare quanti elementi sono presenti in una cartella o da un certo punto della struttura in poi. Ad esempio, potresti voler sapere quanti file e cartelle contiene la cartella **Documenti**.

2.2.3.2 Attivare un programma di editing di testo.

Windows contiene, oltre ai programmi che ti permettono di gestire efficacemente le attività del computer, una serie di applicativi che ti consentono di produrre alcuni tipi di documenti. Fra questi, quello più utilizzato è **WordPad**, un **programma di editing**.
Un programma di editing, o **editor di testi o programma di video scrittura**, è un applicativo che ti permette di produrre documenti cartacei o elettronici come lettere, relazioni, fax, volantini.
Come tutte le applicazioni, anche WordPad può essere avviato facendo doppio click sull'icona relativa, se presente sul desktop. In alternativa, puoi lanciarlo selezionando **Tutti i programmi** dal menu **Start** e poi il comando WordPad dal sottomenu **Accessori**. Una volta aperto il programma, puoi iniziare ad elaborare un testo.
Per aprire un documento esistente, seleziona **Apri** dal menu **File** e fai doppio click sul documento desiderato.
Vediamo ora come è possibile salvare il lavoro fatto, sia che questo porti alla generazione di un nuovo documento, sia che porti alla modifica di un documento esistente.
Nel menu **File** trovi due comandi che ti permettono di salvare il documento. Se scegli **Salva con nome**, il sistema apre una finestra di dialogo nella quale puoi selezionare la cartella in cui salvare il file e

assegnare il nome che gli vuoi dare. In questo modo è possibile creare un nuovo file, sia che questo sia generato ex novo, sia che derivi da modifiche apportate a un altro documento.
Al contrario, se scegli **Salva**, il file su cui stai lavorando viene sovrascritto a quello da cui sei partito per fare le modifiche: fai click sul pulsante

Salva oppure richiama **Salva** dalla voce di menu **File**.

Vediamo il procedimento **Salva con nome** in dettaglio.

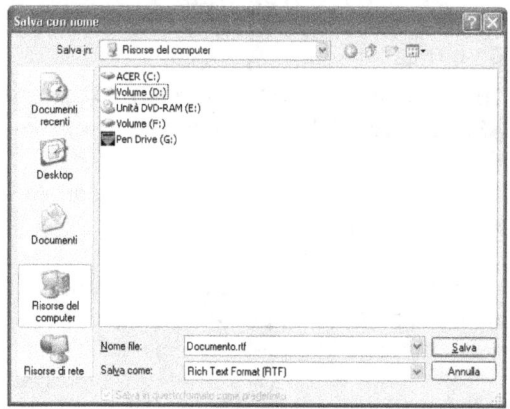

Nella finestra di dialogo **Salva Con Nome** che compare dopo aver scelto il comando omonimo dal menu **File**, assegna il nome desiderato al documento nel campo **Nome file**. Seleziona la cartella di destinazione col comando **Salva in** e fai click su **Salva**.
Come tutti i programmi, anche quello di editing può essere chiuso facendo click sulla X della barra dei titoli. È possibile inoltre fare click su **Esci** nel menu **File**.
Il comando **Chiudi** nel menu file, invece, chiude il documento, mentre lascia aperto il programma.

2.2.3.3 Modificare lo stato del file: sola lettura/bloccato, lettura-scrittura.

Per visualizzare il numero di tutti gli elementi che fanno parte della cartella Documenti, di qualsiasi tipo essi siano, apri la cartella in **Esplora risorse**. Accertati che sia visualizzata la barra di stato: in caso contrario visualizzala richiamandola dal menu **Visualizza**. Nella barra vedrai riportato il numero degli oggetti della cartella selezionata.
Puoi, invece, voler sapere il numero di file contenuti in una cartella, compresi quelli presenti in eventuali sottocartelle. In tal caso seleziona la cartella in **Esplora risorse** e premi il tasto destro del mouse. Scegli

Proprietà dal menu di scelta rapida, per aprire la finestra di dialogo che riporta il numero di file e il numero di sottocartelle presenti nella cartella selezionata.

Spesso lo scopo è quello di verificare quanti file di un certo tipo sono presenti in una cartella. In questo caso, apri la cartella per visualizzarne il contenuto e attiva la modalità di visualizzazione **Dettagli**. Quindi, esegui un ordinamento in base al **Tipo** e seleziona i file appartenenti al tipo desiderato, che, in questo modo, appaiono vicini. Sulla barra di stato viene visualizzato il numero di oggetti selezionati.

Abbiamo visto che ogni file ha una serie di proprietà e un certo numero di attributi. Puoi modificare gli attributi aprendo la finestra di dialogo **Proprietà** attraverso il menu di scelta rapida abbinato a ciascun file.

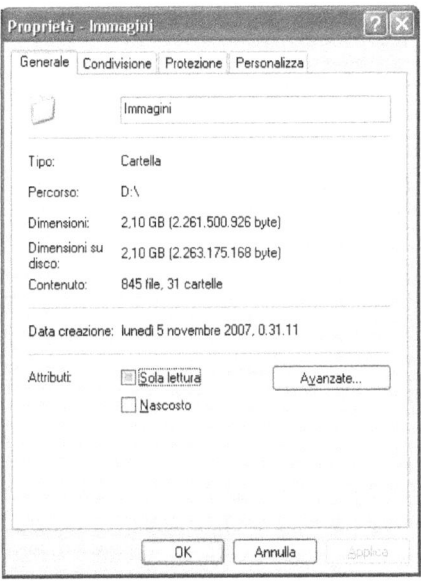

Sono attributi modificabili:

- **Sola lettura**: se attivo il file può essere aperto, e quindi letto, ma non può essere modificato;
- **Nascosto**: tale attributo non permette di visualizzare il file quando si apre Risorse del computer;
- **Di sistema**: forza il file a essere catalogato e riconosciuto dal sistema operativo Windows, come un proprio file interno di utilità e di configurazione;
- **Archivio**: indica se il file dovrà essere archiviato.

2.2.3.4 Riordinare in senso crescente, descrescente i file per nome, dimensione, tipo, data di modifica.

Abbiamo già visto come sia possibile visualizzare i file contenuti in una cartella, ordinandoli in base a vari criteri. Attivando la visualizzazione dei dettagli, è possibile ordinare i file facendo click sull'etichetta desiderata. Un click dispone i file in ordine crescente, il secondo inverte la disposizione, attivandola in ordine decrescente.
Non è necessario attivare la modalità di visualizzazione **Dettagli**.
Qualsiasi sia la visualizzazione attiva, puoi chiedere al sistema di disporre i file secondo determinati criteri selezionando il tipo di ordinamento dal sottomenu **Disponi icone** del menu **Visualizza**. Il comando è presente anche nel menu di scelta rapida che si apre facendo click con il tasto destra del mouse su una zona vuota della cartella.

2.2.3.5 Nomi di cartelle e file.

Il nome di un file ne facilita il riconoscimento e, quindi la distinzione dagli altri documenti contenuti in una cartella. In questo senso ti capiterà spesso di dover rinominare un file per poterlo caratterizzare meglio.
Il processo che ti permette di compiere tale operazione, è molto semplice ma nasconde qualche insidia.
Abbiamo visto che il nome di un file è composto da due parti: il nome e l'estensione. Quando rinomini un file devi modificare solo il primo di questi elementi: l'estensione deve rimanere inalterata.
Normalmente il problema non si pone. Le impostazioni di Windows non visualizzano l'estensione dei documenti, riconoscibili comunque attraverso l'icona, e non ne permettono la modifica. Talvolta puoi trovarti a lavorare su computer dove tale impostazione è disattivata.
Nel caso, modifica solo il nome del file, lasciando l'estensione inalterata.

2.2.3.6 Rinominare file, cartelle.

Per rinominare un file o una cartella, entra in **Esplora risorse** o in **Risorse del computer**. Trovala cartella o il file che vuoi rinominare e seleziona l'icona con il pulsante destro del mouse e fai click su **Rinomina** nel menu di scelta rapida. Digita il nuovo nome e premere **Invio**. La cartella appare rinominata e pronta.
Trovi il comando **Rinomina** anche nel menu **File**. Seleziona l'oggetto da rinominare e scegli **Rinomina** dal menu **File**.
Un terzo sistema, ancora più rapido, consiste nel selezionare l'oggetto, aspettare qualche attimo e fare click sull'etichetta del nome. Questa procedura ti permette di rendere attivo il nome e, quindi, di poterlo modificare.

2.2.4 Duplicare, spostare

2.2.4.1 Selezionare file, cartelle singolarmente o come gruppo di file, cartelle adiacenti, non adiacenti.

Per selezionare un oggetto , sia esso un file o una cartella, è necessario visualizzarlo nella finestra Gestione delle Risorse, quindi fare click con il mouse. Una volta che hai selezionato un oggetto, puoi applicare su di esso tutte le funzioni attive nella barra degli strumenti. Tali funzioni appaiono evidenziate in neretto, mentre quelle non fruibili, in gergo **Disabilitate**, risultano colorate in grigio chiaro. Puoi visualizzare un menu ridotto delle operazioni effettuabili sull'oggetto facendo click su di esso con il tasto destro del mouse (**Menu di scelta rapida** o **Pop-Up**).

Per selezionare più oggetti diversi contemporaneamente in ordine casuale bisogna procedere come segue:
1. Fai click sul primo oggetto da selezionare
2. Premi e tieni premuto il tasto **CTRL** della tastiera
3. Fai click su ogni altro oggetto da selezionare.

Se invece, si vogliono selezionare più oggetti disposti consecutivamente nella finestra e senza interruzioni allora possiamo procedere cosi:
1. Fai click sul primo oggetto dell'elenco da selezionare
2. Premi e tieni premuto il tasto **SHIFT** della tastiera
3. Fai click sull'ultimo oggetto

In tal modo saranno selezionati tutti gli oggetti che sono inclusi tra il primo e l'ultimo oggetto da noi selezionato.

Puoi combinare le due funzionalità. Ad esempio, per selezionare i primi dieci file di un elenco tranne il settimo, seleziona il primo, poi fai click sull'ultimo tenendo premuto il tasto **Maiusc**. I dieci file sono selezionati, quindi tieni premuto il tasto **Ctrl** e fai click sul settimo per deselezionarlo.

Puoi usare un ulteriore sistema: fai click con il mouse in un punto esterno a tutti gli oggetti che desideri selezionare, quindi, tenendolo premuto, traccia un rettangolo in modo tale che al suo interno rientrino gli oggetti da selezionare. Anche quest'ultimo metodo può essere combinato con gli altri descritti.

2.2.4.2 Duplicare file, cartelle tra cartelle e tra unità.

Il posizionamento dei documenti in un archivio organizzato, la realizzazione di copie di backup e la duplicazione dei file sono operazioni che si svolgono molto spesso utilizzando un computer. Vediamo come è possibile copiare un file o una cartella.

Come prima cosa devi visualizzare l'elemento o gli elementi da copiare. Quindi, apri la cartella contenente gli oggetti sui quali vuoi operare e seleziona l'oggetto o gli oggetti che vuoi copiare.

Fai click sul pulsante **Copia** sulla barra degli strumenti o scegli il comando dal menu **File** o da quello di scelta rapida.

Ora attiva la cartella di destinazione e premi il pulsante **Incolla**, oppure scegli il comando nei menu già descritti.

Gli oggetti che si volevano copiare appaiono nella nuova cartella e gli originali rimangono nella cartella d'origine.

Se lavori con le due cartelle aperte sul desktop, quella d'origine e quella di destinazione, puoi usare la funzione **Drag and Drop**. Attiva la finestra che visualizza la cartella di partenza e seleziona i file da copiare.

Tenendo premuto il tasto sinistro del mouse, trascina gli oggetti selezionati sulla cartella di destinazione, tenendo premuto il tasto **Ctrl**. I file vengono copiati e compaiono in entrambe le cartelle.

Se le due cartelle sono su unità di memoria differenti, non devi tenere premuto il tasto **Ctrl**, infatti, per sicurezza, il sistema mantiene comunque la copia dell'originale.

2.2.4.3 Spostare file, cartelle tra cartelle e tra unità.

La funzione taglia differisce dalla funzione copia in quanto l'oggetto originale viene spostato e non duplicato nella nuova cartella. Il procedimento da seguire è identico a quello descritto precedentemente.

Dove per copiare usi il comando **Copia** ora scegli **Taglia**.
Ora attiva la cartella di destinazione e, anche in questo caso, concludi

l'operazione con il comando **Incolla**.

Quando richiami il comando **Taglia** puoi verificarne l'attivazione perché gli oggetti tagliati appaiono sbiaditi, semitrasparenti.

Anche in questo caso puoi trasferire file o cartelle utilizzando la funzione **Drag and Drop**. Se operi nella stessa unità di memoria, trascina senza premere alcun tasto. Se, invece, cambi unità, per evitare di lasciare una copia nella cartella d'origine, tieni premuto il tasto **Maiusc**.

La copia di backup è la copia di un oggetto, file o cartella, che, per motivi di sicurezza, viene effettuata su un disco removibile per essere

conservata in luogo sicuro. Puoi compiere l'operazione operando manualmente, seguendo le funzionalità appena descritte.
Puoi però seguire altre procedure. Per fare copie di backup su floppy, seleziona gli oggetti di cui si vuole fare copia di backup su dischetto. Procedi cliccando sulla selezione con il tasto destro del mouse per accedere al menu di scelta rapida.

Seleziona **Invia a** e fai click sull'unità di backup, nel nostro caso **Pen Drive (G:)**. Durante il tempo della copia verrà visualizzata la finestra che mostra l'effettivo trasferimento nell'unita disco di destinazione.
In alternativa, puoi anche accettare un aiuto dal sistema. Scegli di usare la **Creazione guidata backup**, che trovi nel menu **Start**, **Tutti i programmi**, **Accessori**, **Utilità di sistema**.

2.2.5 Eliminare, ripristinare

2.2.5.1 Eliminare file, cartelle collocandoli nel cestino.

La pulizia è importante, anche in un ambiente virtuale. Mi riferisco alla presenza di file inutili nell'archivio.
Windows ti permette di fare pulizia gettando i file che non vuoi più tenere nel cestino. In realtà **questa azione non elimina definitivamente i documenti**, li colloca in un'area provvisoria, pronti per essere cancellati.
Una volta nel cestino, i file possono essere eliminati definitivamente, svuotando il cestino, oppure ripristinati, ricollocati, cioè nella cartella dove erano precedentemente.
Il cestino può essere utilizzato in questo modo solo se i file provengono dal disco rigido. Al contrario, quando cancelliamo documenti salvati su unità di memorizzazione esterne, questi vengono eliminati definitivamente.
Puoi eliminare un oggetto in diversi modi. Il più immediato è quello di selezionare l'oggetto e premere **Canc** sulla tastiera. In alternativa, seleziona la funzione **Elimina** presente sulla barra degli strumenti o nel menu dell'oggetto. O, anche, tenendo premuto il tasto del mouse, trascinarlo sull'icona del cestino e rilasciare il tasto del mouse. In ogni caso, compare una finestra di dialogo che ti chiede di confermare l'operazione: clicca su **Sì** per procedere.

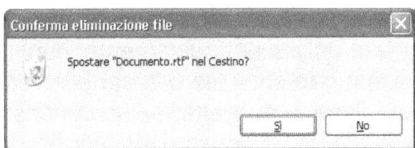

Seguendo le stesse modalità puoi eliminare una cartella o un collegamento.
I file eliminati vengono collocati temporaneamente nel **Cestino**, di cui abbiamo descritto l'icona.

I file rimangono in questa particolare cartella fino a che il cestino non viene svuotato.

2.2.5.2 Ripristinare file, cartelle presenti nel cestino.

I file eliminati possono essere recuperati in qualsiasi momento, anche i file eliminati erroneamente.
Apri il cestino o con **Risorse del computer** o con **Esplora Risorse**.
Seleziona il file o la cartella che desideri recuperare con un click e scegli **Ripristina** dal menu **File** o dal menu di scelta rapida.
L'elemento scompare dal cestino per tornare sul disco, nella posizione che occupava prima di essere
Puoi ripristinare contemporaneamente tutti i file contenuti nel cestino scegliendo **Ripristina** senza selezionare alcun oggetto.
Il cestino, o meglio, il suo contenuto occupa spazio prezioso sul disco. È utile, quindi, andare a fare pulizia periodicamente.

2.2.5.3 Svuotare il cestino.

L'operazione che ti permette di eliminare definitivamente il contenuto del cestino è **Svuota cestino**.
Fai doppio click sull'icona del **Cestino**, presente sul desktop. Dal menu **File**, della finestra che si apre, seleziona **Svuota Cestino**. Anche in questo caso, prima di portare a termine l'operazione, il sistema ti chiede la conferma.
Questa volta l'operazione è irreversibile, quindi, premi **Sì** solo se sei assolutamente sicuro.
Un metodo più rapido ti permette di utilizzare il menu di scelta rapida del cestino. Apri il menu e scegli il comando **Svuota cestino**.
Per evitare di dover fare pulizia periodicamente, puoi impostare le proprietà del cestino in modo che i file o le cartelle vengano eliminati immediatamente. Apri il menu di scelta rapida del cestino e seleziona il comando **Proprietà**. Nella prima scheda, attiva il controllo **Non spostare i file nel cestino. Rimuovi i file immediatamente**.

Attraverso le funzioni contenute nella scheda, puoi selezionare le dimensioni massime che può avere il cestino.

2.2.6 Ricerca di file e cartelle

2.2.6.1 Uso del comando di ricerca per trovare un file, cartella.

Anche se sei l'archivista più attento e meticoloso, anche se hai sviluppato un criterio di archiviazione dei file perfetto, prima o poi ti capiterà di non trovare un documento. In questo caso potrai verificare la grande utilità della funzione **Cerca**.
Questa funzione, che analizzeremo nel dettaglio, ti permette di utilizzare criteri diversi per la ricerca di un file, usando il nome, l'estensione, la data di creazione, ecc.
Di grande utilità è anche l'elenco dei file usati più di recente. Agendo attraverso questa funzionalità, puoi richiamare gli ultimi documenti che hai aperto direttamente dal menu **Start**.

2.2.6.2 Cercare file per nome completo o parziale, per contenuto.

La funzione **Cerca** è estremamente utile e molto potente. Puoi, infatti, effettuare la ricerca anche impostando parametri diversi dal nome: data della modifica, tipo di file e dimensioni. Inoltre, puoi affinare l'impostazione di un criterio mediante l'uso dei caratteri jolly, descritti più avanti.
Questo significa che puoi effettuare una ricerca per nome, formato, estensione, del file. Ad esempio, per cercare un file di testo digita **pippo.txt** come nome del file. Viene svolta la ricerca considerando sia il nome che l'estensione, oppure con *.txt ed in tal caso verranno ricercati tutti i file con un nome qualsiasi ma con l'estensione TXT.
Si può ricercare anche un file in base al testo in esso contenuto.

2.2.6.3 Cercare file per data di modifica, data di creazione, dimensioni.

Si possono ricercare file anche in base alla data di modifica , alla data di creazione o in base alla loro dimensione.

2.2.6.4 Cercare file mediante caratteri jolly.

Anche chi organizza perfettamente la struttura gerarchica del suo archivio, prima o poi si trova nella condizione di voler aprire un file di cui conosce alcune informazioni ma sa non dove si trova. In questi casi puoi farti aiutare mediante la funzione CERCA del menu **Start**.

Nella finestra di dialogo, nel riquadro **Scegli un oggetto da cercare,** seleziona per esempio **Documenti.**

Digita il nome dell'oggetto da trovare o altri parametri che ti possono aiutare nella ricerca.

Nella ricerca puoi utilizzare anche i caratteri jolly *, che sostituisce una stringa di caratteri, e ?, che sostituisce un singolo carattere.

Ad esempio se vogliamo cercare un documento word con estensione .doc di cui ci ricordiamo solo che inizia per "Relazione" e non riscordiamo il prosieguo del nome allora ricercheremo i documenti "Relazione*.doc". Se invece ti ricordi il nome ma non l'estensione scriverai "Relazione2012.*", e così via.

Puoi visualizzare ulteriori parametri da usare nella ricerca premendo **Utilizza opzioni.** Quando hai finito le impostazioni, premi su **Cerca.**

2.2.6.5 Visualizzare un elenco di file usati di recente.

Windows tiene traccia del lavoro che fai, costruendo una cronologia dei file aperti. L'elenco dei file usati più di recente è disponibile selezionando **Documenti recenti** dal menu **Start.**

Si apre un menu con un elenco degli ultimi file sui quali hai lavorato. Fai click su quello sul cui desideri aprire.

Per ragioni di riservatezza puoi modificare questa funzionalità: fai click con il pulsante destro del mouse su **Start** e scegli **Proprietà.** Nel gruppo di opzioni **Menu di avvio** della scheda **Menu di avvio,** fai click su **Personalizza.** Quindi, nella scheda **Avanzate,** deseleziona la casella di controllo **Elenca i documenti aperti più di recente.**

2.3 Utilità

2.3.1 Compressione di file

2.3.1.1 Compressione di file e cartelle.

Quando lavori con il computer ti rendi subito conto di come le dimensioni dei file siano sempre un aspetto limitante. Lo spazio disponibile su qualsiasi unità di memorizzazione infatti, non è infinito.
Lo sviluppo della tecnologia sta producendo supporti digitali sempre più capienti. In pochi anni siamo passati dai floppy con una capacità di 720 Kb ai DVD, in grado di archiviare fino a quasi 5 Gb. Anche gli sviluppatori di software, hanno sviluppato programmi in grado di compattare le informazioni contenute nei documenti, riducendone lo spazio occupato.
In questo tema verifichiamo cosa vuol dire comprimere un file e come compiere questa azione.
Le dimensioni dei file e lo spazio che questi occupano sul disco o su un floppy sono sempre stati un problema. Con l'avvento di Internet si è ulteriormente accentuato, dati i lunghi tempi necessari al trasferimento dei file attraverso la linea telefonica.
Per risolvere la situazione sono stati studiati sistemi che consentono di comprimere file e cartelle, diminuendone le dimensioni. Questa operazione viene compiuta da programmi particolari in grado di sintetizzare il numero di informazioni relative a un file.
Un file compresso non può essere lavorato: devi decomprimerlo per poterlo visualizzare o modificare.

2.3.1.2 Comprimere file in una cartella di una unità.

Esistono diversi programmi che comprimono i file, generando file con estensioni differenti. I due tipi di file più comunemente utilizzati sono il .zip e il .rar. La percentuale di diminuzione delle dimensioni dei file non è costante: dipende dal tipo di documento lavorato.
Per comprimere uno o più oggetti, selezionali, apri il menu di scelta rapida dove è presente la voce **Winzip** e scegli il comando **Add to archive** per accedere alle funzioni previste in **WinZip**. Scegli le impostazioni che vengono visualizzate nella finestra di dialogo e premi **Ok**: il programma provvederà a farti trovare lo stesso file, in versione compressa, accanto al file originale.
Può capitare che, anche se compresso, un file non possa essere contenuto in un solo floppy perché troppo grande o pesante. In tal caso è utile comprimere il file su più dischetti: indica come percorso del file

F:\pippo.zip, inserisci il primo dischetto e dai il via con il pulsante **Ok**. Quando il primo dischetto è pieno, il sistema ti chiede di sostituirlo per poter proseguire e concludere la procedura.

2.3.1.3 Estrarre file compressi da un archivio su una unità.

Abbiamo accennato al fatto che i file compressi possono essere solo archiviati. Per poter lavorare sui documenti devi estrarli dall'archivio. Per compiere tale operazione, fai doppio click sul file da decomprimere: si apre una finestra che visualizza il contenuto dell'archivio compresso, organizzato in cartelle. Seleziona gli elementi da estrarre dall'archivio e fai click su **Extract to**. Scegli poi dove collocare gli elementi estratti e premi **Ok**.

2.3.2 Antivirus

2.3.2.1 Cosa è un virus. Modalità di trasmissione ad un computer.

I virus rappresentano uno dei grossi problemi legati al mondo dell'informatica.
Devono il loro nome alla somiglianza di comportamento che hanno con i loro corrispettivi biologici ma, fortunatamente, attaccano solo il software dei nostri computer.
Anche per i virus informatici l'unica cura veramente efficace è la prevenzione: possiamo vaccinare il nostro computer, dotandolo di un programma antivirus. Possiamo inoltre limitare gli eventuali danni facendo periodiche copie di backup degli archivi. In pratica, se non possiamo salvare i nostri dati, procuriamoci una copia.
I virus informatici sono particolari programmi, in grado autoreplicarsi e di funzionare autonomamente, infettando i computer con cui entrano in contatto.
Esistono diverse tipologie di virus: vediamo quelle più frequenti e pericolose.

- **Virus di BOOT**: è contenuto nei floppy e può essere eseguito solo se viene acceso il computer con il floppy infetto inserito nel drive.
- **Trojan**: sono dei **Cavalli di Troia digitali**; non si replicano e si avviano solo attraverso un'azione dell'utente. Servono a chi li immette in rete, per installare **backdoor**, cioè strumenti di amministrazione remoti che consentono a estranei di prendere il controllo del nostro pc. Non si può essere infettati se non si lancia volontariamente il file infetto.

- **Worms**: non hanno bisogno di un vettore per passare da un computer all'altro. Sono autoeseguibili e si replicano all'interno della macchina infetta, peggiorandone le prestazioni.
- **Macro Virus**: infettano le macro contenute in normali documenti. Sono molto insidiosi in quanto trasformano un innocuo file di testo in un programma pericoloso.
- **Virus generici**: analizzano file eseguibili per verificare le possibilità di contagio. In caso di responso favorevole, procedono all'infezione. Il propagarsi di questo tipo di virus è molto rapido.

Il mezzo di diffusione in assoluto più importante è la posta elettronica. I virus in questo caso si nascondono negli allegati ai messaggi e attaccano quando questi vengono aperti.
Per non essere infettati è sufficiente rispettare alcune buone regole di comportamento:

1. non aprire mai allegati che presentano una doppia estensione;
2. se ricevi un file .**EXE,** accertati della sua provenienza prima di aprirlo;
3. non aprire file di cui non conosci la provenienza e diffida delle catene di San Antonio.

2.3.2.2 Utilizzare un'applicazione antivirus per individuare e rimuovere virus da unità, cartelle e file.

Oltre a questi consigli, installa sul tuo computer un buon **programma antivirus** e tienilo sempre aggiornato.
Un programma antivirus ti segnala la presenza di un virus e può evitare che questo infetti il tuo computer.
Vista la nascita quotidiana di nuovi virus, il programma deve essere costantemente aggiornato.
Ma cosa può fare un virus?

- Formattare l'Hard disk, cancellando tutti i dati contenuti al suo interno.
- Rendere il computer instabile o con comportamenti anomali.
- Recuperare le informazioni contenute sul tuo computer UserID, password ecc, e spedirle all'ideatore del Virus.
- Aprire la già citata backdoor.

I programmi antivirus, oltre a fare una scansione periodica del sistema, controllano attentamente ogni nuovo file che entra nel sistema. In questo senso fanno un'opera di prevenzione, distruggendo tutti i file che risultano contaminati.

Se l'infezione è già in corso, il virus può essere eliminato ma, solitamente, permane qualche problema al sistema.
Il comportamento che, in assoluto, garantisce il miglior sistema di prevenzione è quello di fare delle copie di backup e di ripristino di dati e programmi.

2.3.2.3 Aggiornamento del software antivirus.

Concetto importante è la necessità di tenere aggiornati questi software. Nuovi virus vengono immessi continuamente e, solo attraverso l'aggiornamento dei vaccini, possiamo salvare il nostro computer.
Esistono sul mercato diversi programmi antivirus. In generale tutti questi programmi hanno alcune caratteristiche in comune:

- compiono la scansione utilizzando differenti metodi, per garantire un risultato efficace;
- presentano un modulo, residente in memoria, che riveli attività sospette;
- vengono aggiornati in continuazione.

Gli antivirus non sono comunque infallibili, tanto che alcuni ne fanno funzionare più di uno sullo stesso computer. Tale procedura può, però, generare qualche problema di incompatibilità fra i software, segnalando dei falsi allarmi, i falsi positivi.
Per ovviare a questo problema, puoi ricorrere alle scansioni online, che puoi attivare quando è necessario.
Come abbiamo già detto, i virus vengono prodotti e immessi sulla rete con un ritmo elevatissimo. Per riconoscere la presenza di un virus, il sistema deve conoscerlo. In questo senso è fondamentale che il programma contenga l'elenco sempre aggiornato dei virus.
Prima di fare la scansione periodica del sistema, ricordati di procedere all'aggiornamento, in modo da poter individuare anche infezioni pregresse di virus recenti.

2.4 Gestione stampe

2.4.1 Impostazioni

2.4.1.1 Selezionare e modificare la stampante predefinita.

Collegamento fra il mondo virtuale e quello reale, per certi aspetti, è il documento stampato. Se tutta la lavorazione del documento avviene, infatti, in ambiente digitale, ciò che viene prodotto è qualcosa di concreto, reale, materiale.
In questo tema verificheremo come collegare una stampante al computer, cioè come installare il programma che permette al sistema operativo di comunicare con questa periferica. Verificheremo, inoltre, che esiste un attributo particolare della stampante che la rende predefinita. Vedremo come impostare tale proprietà in una delle stampanti installate sul nostro computer.

Quando lanci la stampa di un documento direttamente premendo il

pulsante **Stampa** sulla barra degli strumenti, 🖨 il documento viene inviato alla stampante predefinita, cioè la stampante che utilizzi più di frequente e alla quale hai abbinato tale attributo.

In qualsiasi momento puoi modificare la stampante predefinita.
Puoi abbinare tale attributo a un'altra stampante installata sul tuo computer.
Dal menu **Start** scegli **Stampanti e fax**: compare una finestra simile a gestione risorse in cui vengono visualizzate le stampanti installate sul computer.

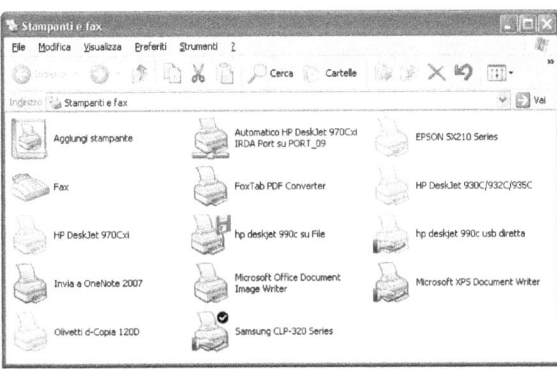

La stampante predefinita si riconosce dal segno di spunta nero sulla parte superiore sinistra dell'icona. Per cambiare la stampante di default, basta fare click con il tasto destro del mouse su una delle stampanti non predefinite e selezionare **Imposta come predefinita** nel menu di scelta rapida.

Il segno di spunta compare ora sulla stampante selezionata e tutti i file e documenti utilizzeranno quest'ultima come stampante di default.

2.4.1.2 Installare una nuova stampante sul computer.

Puoi aggiungere una stampante all'elenco di quelle disponibili:

1. seleziona **Stampanti e fax** dal menu **Start**, per richiamare la finestra **Stampanti**.

 Aggiungi stampante

2. Fai click sull'icona **Aggiungi Stampante** e segui la procedura descritta.

Nel caso il sistema non contenesse già i driver necessari al funzionamento della stampante, puoi importare tali file attraverso l'uso di un floppy o di un CD-ROM o ricercandoli su Internet.

I driver sono dei programmi particolari in grado di mettere in comunicazione il computer con la stampante, attivandone le funzioni peculiari. Questi file sono solitamente forniti dal costruttore della stampante, unitamente all'hardware.

I più comuni sono, comunque, disponibili nelle apposite librerie di Windows.

2.4.2 Stampare

2.4.2.1 Stampare un documento.

Il metodo più immediato per stampare un qualsiasi tipo di file è selezionarlo e fare click sull'icona di stampa presente nella barra degli strumenti. In questo modo si lancia la procedura di stampa automaticamente, utilizzando la stampante predefinita dal sistema operativo con le impostazioni predefinite.

La procedura completa è quella che puoi lanciare scegliendo **Stampa** dal menu **File**.

Compare una finestra di dialogo denominata **Stampa** dove sono contenute una serie di opzioni che ti permettono di verificare come verrà stampato il documento.

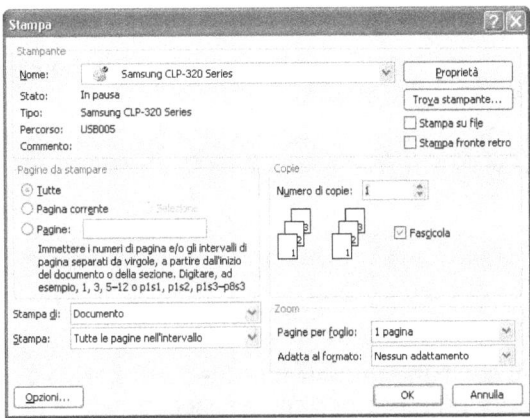

Come prima cosa, puoi scegliere la stampante da utilizzare, selezionandola dal menu a tendina. Puoi, inoltre, selezionare le parti del documento da stampare e quante copie farne.

Nel caso la stampante non sia disponibile, puoi utilizzare la funzione **Stampa su file**, presente nella stessa finestra **Stampa**. In questo caso si apre la finestra di dialogo che consente di assegnare un nome al file e di memorizzarlo nella cartella voluta. Per tale fine viene usato il formato .prn, corrispondente appunto al formato **File Di Stampa**.
Una volta impostate le opzioni, fai click sul pulsante **Ok**, per mandare il documento in coda di stampa.

2.4.2.2 Processo di stampa e coda delle stampe.

Con il termine coda di stampa viene indicato l'elenco dei documenti che stanno per essere stampati.
Per visualizzare la coda di stampa fai doppio click sull'icona della stampante che compare quando questa è attiva nella barra delle applicazioni. In alternativa, puoi aprire la finestra **Coda di stampa**, facendo doppio click su **Stampanti e altro hardware**, nel **Pannello di controllo**, e selezionando **Stampanti e fax**. Nella finestra riconosci la stampante che è in funzione: aprila con un doppio clic.

Puoi arrivare allo stesso risultato anche selezionando **Stampanti e fax** dal menu **Start**.

Nella finestra **Coda di stampa** è possibile modificare l'elenco dei documenti, cancellando, spostando, mettendo in stand by ogni singolo documento che si è lanciato in stampa.

2.4.2.3 Interrompere, riavviare, eliminare un processo di stampa.

Utilizzando la finestra della coda di stampa, puoi sospendere temporaneamente una stampa.

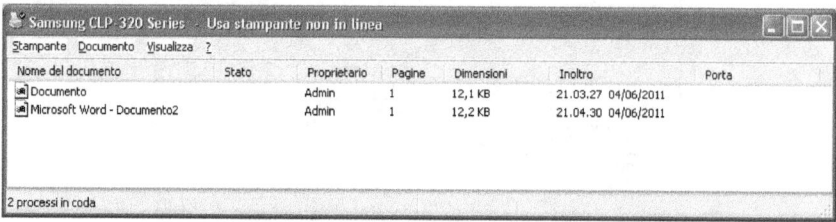

Scegli **Sospendi** dal menu **Documento** o **Sospendi stampa** da **Stampante**. Per far ripartire un processo di stampa sospeso, selezionalo dall'elenco e fai click su **Riprendi** nel menu **Documento**.
Puoi annullare un processo di stampa: seleziona l'elemento e premi **Canc**.
Per modificare, invece, l'ordine delle stampe, seleziona quella che desideri spostare e trascinala tenendo premuto il pulsante sinistro del mouse nella nuova posizione.